마음의 뗏목 한 잎

이상원 시집

A Leaf of Heart's Raft

A Series of Quatrains,

Stanza Consisting of Four Lines

LEE, SANGWON

마음의 뗏목 한 잎

사행시초

四行詩抄

이 상 원

李 商 元

서울, 2015

A Leaf of Heart's Raft

BY LEE, SANGWON

zenlotus3@gmail.com

Key Poetic Image

grass, mountain, cloud, dream, water,

hermitage, silence, crying, zen, tree, eye,

fool, hunger, stillness, concentration, leaf,

mother, loneliness, void, self—reflection

This Poetry is A Series of Quatrains,

Stanza Consisting of Four Lines.

PUBLISHED IN SEOUL, KOREA

2015.

자 서

노을의 시간, 혓바늘이 돋는다. 날이 갈수록 걸음을 헛디디지 않을까 발 아래를 자주 살핀다. 더구나 군살이 붙은 말이 버겁기도 하다. 이제 되도록 군더더기는 덜어내며 살려고 하지만, 그게 쉽지 않다. 혀보다는 귀 쪽으로 마음이 더 기울어진다. 덤으로 여백을 아끼고 싶다.

부싯돌을 치다가 자주 불씨를 꺼트렸다. 시 쓰기는 나에게 늘 서툰 일이다. 하지만 쉽게 그만 둘 수 없다. 오롯이 네 줄에다 섬광처럼 스치는 영감에 불을 붙인다. 더욱 낮게 내려가서 깊은 침묵에게 말을 건다.

시의 걸음이 무거우면 견딜 수 없을 때가 많다. 거추장스러운 군말을 덜어내야 하겠다. 살아가는 일이나 시 짓는 일이나 한가지다. 기껏해야 반성과 참회의 시간이

라는 생각이 든다.

그저 남은 시간은 가볍게 홀로 가고 싶다. 요즘 엮은 시는 마음의 풍경을 그린 소품들이다. 다만 너무 성글어 탈이다. 게다가 거칠고 무딘 까닭에 두렵고 부끄럽다.

2015년 시린 봄날,

이상원

목 차

제2부

제3부

제4부

제5부

제6부

제7부

제8부

| 제1부 |

서실書室에서

바람 세찬 날,

송연松烟 먹 갈다말고

풀잎이 휘갈겨쓴

초서草書나 읽다가 하루를 보내네

청빈淸貧 1

늦은 점심으로 누룽지 푹 고아

허기虛飢 한 점 때우고

청매실 한 알로 빈 입맛만 다시다가

머언 산 당겨 법거량法擧量이나 하다가

고요

방충망에 걸린 모기 한 마리

애— 애— 앵—

생사生死를 가르는 구급차 소리

온 산 적막寂寞을 깨우네

반성反省 1

머위 이파리 따다

된장에 찍어 먹다가

나도 모르게 떨구네, 눈물 한 방울!

너무 과분한 나의 공양供養이어

일상사

해우소解憂所 가득한 똥을 푸다가

푸른 산 바라보니

똥막대기에 걸린 화두話頭 한 마디

얼마나 정직한 황금불사黃金佛事인가?

사친思親 1

봄눈 소복소복 내리는 밤,

잠은 도통 오질 않고 먼 데 그리운 마음

한 가지 매화나무에 살포시 걸어보네

아, 어머니!

화려한 나들이

시골 오일장 거닐다가

흰 구름 한 봉지

단돈 천 원,

오늘은 솜사탕으로 포식飽食하겠네

접빈객接賓客

봄나물 한 접시

흰 죽 한 그릇

소반 가득한 개울물 소리

손님은 흰 구름

쇠귀 1

여름 소낙비,

젖은 산에 댓잎 치는 소리

졸다만 산새 울음소리

마음에 흐르는 여울 물소리

깨달음

텅 빈 선방禪房,

크기는 고작 한 평 반

고즈넉한 마음의 오솔길

툭, 떨어지는 솔방울

덕산德山스님

달빛을 쓸다가 어둠 한 자락 물고

설풋 잠든 꿈 속

옛다! 이놈아, 몽둥이 받아라

한 방棒이다!

반야般若

걸망 지고 넘던 산길

심경心經처럼 흐르는 길

들꽃은 꿈꾸듯 화엄華嚴을 이루는데

나그네는 낮잠이나 퍼질러자네

입동立冬 무렵

싸리나무 엮어

빗자루 매다 말고

산꿩 울음소리에 놀라 서녘하늘 바라보니

기러기떼가 임서臨書한 해서楷書가 또렷하네

아차산에 올라

가고 오는

저 구름 따라 넘는 북망산北邙山

고봉밥 즐비한 땀내나는 고갯길

아득하구나

귀머거리에게

목탁소리 구성진 날

산을 쩡, 쩡, 울리는 눈 먼 소리

딱따구리여,

너도 우는구나

아웅하기

방생放生 가는 날 새벽

문득 깨달음 한 알, 퐁당!

물 속에 퍼렇게 풀어지는 물음표,

누가 누굴 풀어놓는지?

깊은 산

칡넝쿨 걷어 붓을 엮는다

맹물 찍어 검버섯 핀 바위에 써내려가는

경전經典 한 줄이여,

색즉시공色卽是空 공즉시색空卽是色

대한大寒 무렵

찬 겨울 밤 계곡

쩡, 쩡, 얼음 우는 소리

투명한 나날,

시퍼렇게 언 하늘의 눈동자

봄날

죽순 꺾어 햇살에 삶아 널고

겨우내 묵은 빨래 끝내고 나니

이른 봄 한나절 짧기도 하구나

오늘 밤은 꿈도 달겠지

어느 초암草庵에서

산 속에 달

마음 굽이굽이 그리움

망개넝쿨 어리는 깊은 암자庵子

누가 널 묶어놓았지?

망우리

이름 없는 묵은 무덤가

할미꽃 고개 숙인

언 그늘 아래

애기똥풀꽃 노랗게 즈려앉았네

소나기

번개와 우레 섞어치는 한낮

눈썹 치켜뜬 하늘가

시퍼렇게 질린 입술

오체투지五體投地하는 풀잎들

문고리 없는 문

넌 지금 뭐 하니?

두렵고 두렵구나

찰나마다 다그치는 물음,

생사生死를 뛰어넘는 서늘한 화두話頭 하나

죽림정사竹林精舍

흰 구름 아래 능선은 굽이굽이

모시옷 마름질하듯

대숲에 잎 치는 바람소리

쏴—쏴—쏴— 마음을 씻는 파도소리

벙어리, 한 철

겨우내 채운 묵언정진默言精進 푸는 날

입속에 붉은 잎 얼얼하구나

치통齒痛을 앓던

푸른 멍든 시간들

| 제2부 |

귀가歸家 1

그래, 그래, 그만 됐다!

이제 떠나야지, 뭘 그리 애 닳아하는지

그대, 발 아래 쳐다봐!

아, 낙엽落葉 한 장!

귀가歸家 2

몸 벗으면 어디로 갈까?

집으로 홀로 돌아가는 길

한가로운 구름 따라가는

쓸쓸한 뒷모습이여!

꿈

꿈 속에서 꿈 꾸니

새우 내장內臟 속에서 고래가 춤추는구나

산의 뱃속에 잠긴

텅 빈 암자庵子

산촌山村

하늘에 무지개 걸어놓고

미끄럼 타는 어린아이들

새까만 종아리에 빛나는 숲 속,

숯을 굽는 깊은 골

구름에게

편안하신가?

못다 부친 안부安否를 묻는다

도반道伴은 그냥 빙긋, 대답하지 않네

전화조차 터지지 않는 깊은 골

길

노자路資마저 떨어져, 걷고 또 걷는다

땀은 등줄기 타고 강물을 이루고

우르르 쾅, 쾅, 여름 소낙비에 띄워 보내는

서늘한 마음의 뗏목 한 잎!

귀가歸家 3

천지간天地間 가을이다

서둘러 제 집으로 돌아가는지

송장메뚜기 허공을 건너뛴다

아, 백척간두百尺竿頭가 여기로구나

마음 소풍

마음에 감기든 날

홀가분하게 처진개벚나무 아래 거닌다

소슬한 개울가

흩어진 징검다리도 바로 놓으며,

신생新生

엄나무 새순이 솟았다

겨우내 모진 추위를 뚫고

여기까지 오느라

온몸에 소름이 바짝 돋았구나

세모歲暮

철 지난 달력 한 장

한기寒氣를 덮고

얼마나 숲의 활자活字들은 오래 침묵했을까?

동안거冬安居 한 철,

춘분春分 무렵

얼음장 아래

고물거리는 송사리 떼

풀리는 봄 햇살에 빛나는 꼬리지느러미

고로쇠나무에 물 오르는 소리

봄은 지고

목련꽃 속에 잠들어

건너 숲 뻐꾸기 울음소리에 깨니

이미 봄철은 지나가고,

분분히 떠나는 꽃의 상여喪輿

항해航海

수평선 걷어내니

다시 걸리는, 먼 바다 끝이 없구나

온몸에 풍파風波 두르고 고해苦海를 건너는

빈 배 한 척!

단칼에

대나무 빈 마디마다

삶의 관절이 뼛속까지 아리면

검객劍客은 한 칼에 베어넘기지,

싹둑, 잘리는 외마디 비명소리

은자隱者

대장부 살림살이 어떠하냐?

붓 한 자루, 맑은 안목眼目

덤으로 은하수銀河水 한 모금

흉중胸中에는 주유舟遊하는 해와 달

봄

한 가지 매화 꺾어

눈 앞에 펼치니 천지가 봄이로다

어제까지 왔던 봄은 어느 주막에 머물까?

술잔에 떨어지는 꽃잎!

반성反省 2

이면지裏面紙에 씌어진 못난 인생이어,

나는 오늘도 서성거리다가

왜, 어둠 속으로 가라앉는지

내일은 네 일이 있겠느냐?

네가 꽃이다

새벽에 눈 뜨면

당장 여기가 네가 꽃 피울 자리

기어이 꽃이 되려고 하지 않아도

저절로 피는 네 빛나는 자리,

산수화山水畵

청묵靑墨으로 붓을 희롱하는 화가인가?

봄날의 붓질 예사롭지 않구나

화선지畵宣紙 위로 솟구치는 산 새 한 마리,

울음 한 점, 떨어뜨리고 가네

처마 밑에서

봄비 하염없이 지는데

머언 산 우레 치는 소리 아득하구나

뜨락에 패이는 낙수落水

수선화 고개가 축 늘어졌구나

끌림

늙은 암탉 한 마리 횃대 위에 걸터앉아

담장 건너 훌겨보니

누렁이와 점동이가 흘레붙었네

어지럼 타는 봄날의 노곤함이어!

만추晩秋

단풍丹楓 한 무더기

살찐 메뚜기 떼

휘영청 보름달은 덤이지,

올해도 풍년豊年이구나

독한 사랑

저토록 지독한 그리움 보았나?

어둠을 틈타 몰래 숨어든 달,

수평선을 껴안자마자

파도가 쉬임없이 몰려오네

거울 속 그림자에게

너는 누구냐?

나는 곧 너라니까,

어디에 머무는가?

머문 데 없이 머물고 있는 그대여!

기다림

봄소식 아련한 날,

먼 데서 소식 기다린다

한 장의 우표인가?

하얀 나비 나풀나풀 날아오르네

| 제3부 |

백결百結

빈처貧妻의 방아타령인가?

좁쌀 한 톨 찧을 여유조차 없구나

줄 없는 거문고,

타는 저녁놀

유서遺書

마지막 한 마디 말,

구태여 할 말이 남았는가?

그래, 뼈는 묻는다치자

남은 마음은 어쩔래?

축제祝祭

마지막 숨 떨어지고

육탈肉脫하거든

가죽으로 북이나 지어

정강이뼈로 허공이나 울리네

반성反省 3

우습구나,

살아온 날들이여!

비듬처럼 떨어지는 시간의 티끌들

오, 나의 삶은 개뼈다귀였구나!

마음 붓

몽당붓 한 자루

마음의 화선지畵宣紙를 스치는

허무한 바람소리,

허깨비의 붓질인가?

세모歲暮 2

여생餘生은 기껏해야

허공의 딸꾹질같은 것,

돋보기 너머

희미한 바늘귀같은 것,

사성암四聖庵

노송老松 한 줄기 소슬하구나

암자庵子 하나,

하늘가 벼랑에 걸린 채

솔내음 그득하구나

귀가歸家 4

가을비는 마음에 내린다

늘 맨발로 걷는지

마른 솔잎이나 밟으며

속으로 울며 집으로 돌아가네

은거隱居

눈썹조차 밀어버리고

한동안 문 밖으로 나가지 않는다

인적 끊긴 밤, 마당에 뛰어든

휑한 보름달

절필絶筆

집을 나서도 갈 데가 없구나

이빨 시린 문지방

얼마나 오래 참았을까?

쟁여두었다 터져버린 시詩의 꽃망울이여,

옥수수 밭

덥수룩한 수염 거느리고

푸른 이랑에 한 철 머물렀네

가랑잎 사이로 얼핏 보이는

옥수수 선방禪房

시마詩魔

채울 수 없는 튼튼한 자물쇠

입 속에 녹는 붉은 꽃잎인가?

침묵도 잠시 조는 찰나,

군침 질질 흘리는 저것!

맹동孟冬

조선낫 한 자루,

시퍼렇게 벼린 동천冬天

무얼 베려고

마음조차 꽁꽁 얼리고 있나?

마른 기침

가르릉, 가르릉, 고양이 우는 소리

너무 가까이 들리는 겨울밤,

인기척 끊어진 지 오래인가?

제 그림자 핥다가 놀라네

미물微物 1

작은 창가,

귀뚜라미 졸고 있구나

꽃길이라도 더듬는지

잠시 고개 꺾어지네

반성反省 4

길은 아직 보이지 않고

갈수록 눈은 어둑해지네

물컹한 심지心志 한 알

대추씨처럼 여물 날 언제인지

기적奇蹟

시간의 화분花盆 속

찰나의 씨앗 한 톨,

어느 날 푸른 바람에 실려와

비로소 그댈 꽃 피웠구나!

다실茶室에서

찻잔에 고인 산 그림자

뻐꾸기 울음 녹아있고

주객主客도 잠시 조는 사이,

마셔도 줄지 않는 산정호수山頂湖水

반성反省 5

꽃 피자 열매지고

흘러간 강물은 아득하구나

물살에 잘 깎인 조약돌마냥

마음에 낀 물때는 언제 벗을까?

버려진 절에서

빛바랜 툇마루,

들이치는 햇살 한 줌

하마 속진俗塵이라도 닦고 있는가?

바람의 옷깃 여미는 풍경소리,

유훈遺訓

마음도 녹슨 날,

바람이 전하는

엽서葉書 한 장!

'더욱 내려서라' 말하네

산수山水

참게 향香 오르는 즈음,

물이끼도 제 철인 양 푸르다

물 속에 빠진 산, 여울에 흐르는 숲

은어 떼가 콕, 콕, 쪼고 있네

미물微物 2

하수구에 고물거리던 지렁이

밝은 세상이라도 구경하시는가?

축축한 몸 말리는

오, 눈부신 배밀이여!

어느 다툼을 보고

밥그릇 가운데 놓고

강아지는 얼쩡얼쩡, 오리궁둥이는 뒤뚱뒤뚱

기어이 고요마저 엎고마는

봄날의 찬란한 소란騷亂이여!

미물微物 3

초여름 푹 데워진 해우소解憂所

고물고물 기어오르는 구더기 군단들

졸고 있는 말라빠진 똥막대기 타오르는

오, 불립不立의 문자文字들

| 제4부 |

봄 비

봄 비 방울, 방울,

작은 화분에 뛰어든다

딩, 동, 딩, 동,

연녹빛 초인종을 누르는가

정경情景

폐타이어 안,

제 그림자 안고 뒹구는 누렁이

해 저무는 줄 모르네

무슨 노변路邊 정담情談을 듣는지

화개花開에서

그림 참 좋구나!

하늘하늘 지는 벚꽃 그늘 아래

꿈꾸는 듯 달려온 길,

늙은 부부 뒷모습 잠깐 비틀거리네

하류 下流

사다리 꼭대기야

기를 쓰고 올라봐야 허공이지

맨땅바닥에 두 발 붙인

저 아래가 나는 좋아!

청빈淸貧 2

짠 매실 장아찌 두어 알,

거친 밥에 때절은 간장 종지

청한 손님은 고작해야,

바람에 떨어지는 동백꽃 무더기

외로움

슬픈 날, 까닭 없이 흐리구나!

헤진 신발 끌고 솔숲으로 나서면

우수수 지는 솔잎들

바지가랑이에 묻어 돌아오네

소일消日

남은 화선지 조각에 먹으로

장난치다말고 휙, 한 획을 친다

마른 땅에 새겨진 난초蘭草 한 줄기

비수匕首와 다름없구나!

반석磐石

빈 의자 눈여겨보지 않았더니

저리 오래 홀로 있었구나

바람이 쉬다간 흔적인가?

묵은 그림자에 이끼 돋아있네

사친思親 2

빛바랜 사진 속 어머니

아직도 곱게 한복 차려입고

자식 돌아오는 굽이굽이 기다리시는가?

눈 빠진 긴 학鶴의 모가지여!

주린 날

장마당에 펼친 소금 멍석에

오뉴월 햇살 따갑구나

구절양장九折羊腸 봇도랑에 논물 대는 소리,

짭조름한 유년幼年의 슬픔이여!

하얀 손

손톱 밑에 까만 때,

모처럼 잠깐이나마 정직하게 보냈구나!

한이틀 더하면 싫증이라도 나겠지만

너무 부끄러운 나의 손이여!

꽃같이

눈동자를 바로 바라보라

꽃의 마음에 파고들어 슬픔까지도

껴안아라, 꽃을 사랑하려거든

먼저 사람을 사랑하라

네 줄이면 그만

좋은 시란 어떤가?

네 줄도 너무 길구나

섬광閃光처럼 스치고 지나가는

영감靈感의 부싯돌!

나의 집 1

모기 눈썹으로 서까래 올리고

초명암蟭螟庵 한 칸 이루었네

그 안에 눌어붙어

평생 벼룩이나 잡고 있구나

갈홍葛洪에게

포박자抱朴子 다시 읽다가

산에 드는 부적符籍을 찾았네

신선은 어디 갔나?

눈 앞에 안개만 자욱하구나

미물微物 4

조릿대에 올라탄 장수풍뎅이

고목에 걸린 초승달 보고 뛰어내리네

덩달아 화들짝,

놀란 잔나비걸상버섯

몰래 빙긋

돌다리 건너가는 동자승

잰걸음 우습구나 어기적, 어기적,

축 늘어진 솔가지 아래 탱탱한 솔방울,

오줌 참 마렵구나

변덕스러워

바싹 마른 미나리깡

말잠자리 잠행潛行 중인가?

세차게 지나가는 우박, 우르르르—

지천地天에 구르는 투명한 눈동자들!

목숨

사는 일이 무엇이냐?

한 입 베어 먹고, 하늘 한 번 쳐다보고

또 한 입 베어 물고, 땅 한 번 굽어보고

그 밖에 남은 일 없구나

기다림

지아비 기다리는 눈 내리는 밤,

쩔쩔 끓는 온돌방

그을은 아랫목에 소반小盤 한 상

흰 눈 소복한 고봉밥이여!

슬픔의 힘

눈물조차 마르면

민들레 홀씨 되어 날아가리

외진 세상 밖으로 나가

서러운 울음으로 꽃이나 피우리

우리나라

서럽거든 더 서러워하라

다시는 더 슬프지 않을 때까지,

옹이가 다 터져 철갑鐵甲을 두른

저 남산南山의 소나무여!

미물微物 5

똥이 어찌 더러우랴!

구를수록 더욱 단단한 한 채의 우주宇宙!

쇠똥구리가 굴리는

청심환淸心丸 한 알!

청빈淸貧 3

누구의 성찬盛饌인가?

참깨 한 알

이슬 한 방울,

산 그리메에 취하니 허기虛飢조차 달구나

청빈淸貧 4

제철 봄나물 한 접시

탁배기 한 사발

둥근 달 마중나간 관솔불,

벗은 귀뚜라미라네

참된 맛

조막손만한 곰취

이파리에 들러붙은 춘곤증春困症

달콤쌉싸름한 음표들!

가는귀먹은 봄비 오는 소리

| 제5부 |

벗에게

며느리보다 딸 쐬는 가을볕,

마른 여백餘白인가? 먼저 떠난 벗 그립구나

단청丹青을 올리다 만 가을산

추녀 밑에 날아드는 호랑이쥐바퀴

투영投影

줄 끊어진 두레박

깊은 우물에 어른거리는 그리움,

누가 저 고운 님 얼굴 길어

더불어 맑은 차茶나 나눌까?

벼슬아치에게 1

가련하구나,

벼슬 잘린 수탉이여!

저만 모르는지

높다란 횃대에 올라 고고성呱呱聲을 울리네

늙은 여가수女歌手

울대 가버린 암탉

새벽마다 푸드득, 푸드득,

타작마당 가로질러 새벽을 울리네

듣는 이조차 없는 무음無音의 계관鷄冠이여!

어느 종가宗家에서

어둑한 부뚜막

검게 그을린 때 절은 간장종지

얼마나 오래 되었을까?

꿈꾸듯 짠 세월 달려온 지,

지족知足

즐거움이 무엇이냐? 묻거든,

'시래기 익어가는 겨울밤

군불 지펴 뜨끈한 아랫목에 앉아

중용中庸을 읽는 일이라네'

춘축春祝

긴 겨울 지나 문풍지 부풀자

모처럼 창 열고 내다보니

올해 두릅 눈은 느지막이 뜨겠구나

늙을수록 봄이야 더욱 실하겠지

집중集中 1

솔개는 눈먼 지 오래

높새바람을 읽고 창공蒼空을 오른다

두 날개 활짝 펼치고

오직 허기虛飢 한 점 노릴 뿐,

하민下民

낮게, 낮게, 칡넝쿨은 뻗어나간다

더 낮아질 수 없는 곳까지

그러면 비로소 닿으리라

끈질긴 정신精神의 푸른 심줄들!

한 아이에게

모든 어린아이는 타고난 시인인가?

회초리 맞은 아이에게 물었다

그래, 어때?

장미꽃이 활짝 피었네!

끈끈한 힘

석란石蘭 한 무더기

벼랑에 아슬아슬 안간힘으로 들러붙어

해풍海風에 쓸리고 있구나

파도처럼 밀려오는 하얀 꽃향기

노을 무렵

사립짝 열어놓고

반들반들한 목침木枕 괴고 삼베홑이불로 배 덮고

늦가을 해거름 잠결에 얼핏 들리는,

고추잠자리떼 공습경보 사이렌!

풀치

평생 벼루고 벼룬다

자루 없는 심검心劍인가?

침묵으로 은빛 검광劍光을 뿜어내는

심해深海의 갈치 떼!

오두막

기둥 하나로 집 지어놓고

평생 음지陰地에서 살았네

일주반一柱盤에 이슬이나 받아먹으며

향기 내뿜는 비늘버섯이여!

깊은 산

산초나무 생강나무 여무는

깊고깊은 두메산골,

뜸부기도 울다 지쳐

산 이내에 퍼질러앉아 쉬고 있구나

홍어

납작 엎드린 채

고해苦海의 맨바닥에 가라앉아도

늘 활짝 웃고 있구나,

홍어야, 나도 웃는다

집중集中 2

낙수落水는 같은 자리 쉼없이 지고

튀다가도 제 자리에 주저앉는구나

바위조차 뚫고마는 눈물 한 방울,

투명한 금강도金剛刀여!

모순矛盾

제 손에 왜 피 묻히는가?

자루 부러진 도끼야,

숲이 무너지도록 패고 또 패지만

넌 결코 울지도 못하네

골기骨氣

죽방렴에 갇힌 꼿꼿한 멸치떼

되돌아 나갈 수 없는 막다른 대발 안

생사生死를 건너뛰네

햇살에 아롱지는 뼈대있는 자손들

꽃 진 자리

떨기채 지는 동백꽃 보니

그 꽃그늘 처연하구나

지난 바람에 무참한 참수斬首의 형장刑場인가?

붉은 핏자국 자욱하구나

봄 길

설매雪梅 꽃봉오리 여물어

팝콘처럼 펑, 펑, 터지는구나

언 돌담도 덩달아 녹아 배 불뚝하니

봄날의 소식 소란하구나

너무 심심한 날

고요도 한참이나 이슥하거든

한 줄기 매화마저 산란하구나

살포시 그 가지 위에 마음 문門 닫아거니

더듬더듬 인기척은 찾아 무얼 해?

미물微物 6

귀신사마귀 끄덕, 끄덕,

앞발 한껏 치켜들고 매운 부리 쫑긋거리네

굶주림이야 나무랄 게 있는가?

네 살이나 내 살이나 한가지로 먹일 수 있다면,

오래된 탑塔

업장業障이라도 녹아 이끼로 앉았는가?

백팔번뇌煩惱도 염주 삼아 굴리는 양

뱅뱅, 탑돌이하다 말고 귀대고 들어보니

살모사 허물 벗는 소리!

청빈清貧 5

끼니조차 잊은 지 오래인가?

빈 사발에 그득한 산그늘

덤인 양 애끓는 풀벌레 울음소리

주린 배야 북두北斗로 은하수銀河水 길어 달래지

| 제6부 |

가난한 끼니

다람쥐가 먹다 남긴 옥수수

흙 묻은 감자 서너 알,

모닥불 지펴 구워먹다가

쑥대 타는 향香에 눈 매워 눈물 한 바가지

우레

둥, 둥, 자명고自鳴鼓를 울리네

북채가 뭉개지도록,

산 뚫고 물 건너 죽음을 건너가네

심장이 멎는 절명絶命의 순간까지,

인도 바라나시에서

세운 건 다 허물어지기 마련

다시 무너진 건 일어서기 마련

무상無常한 강가에 꽃처럼 흘러가네

저 건너 언덕에 이르기 위하여

세월歲月

짹깍, 짹깍, 시간의 발자국 소리

누구에게나 공평한 저것!

허무虛無의 깃을 치며 날아오르는

불멸不滅의 새!

하관下棺

지렁이 울음 좇아 기어가는 햇살

그림자 너무 옅어 차마 흙빛이네

입관入棺하는 한 줌의 작별이여!

적멸寂滅에 이르러 평안하구나

나의 집 2

쪽마루에 앉아 문필봉文筆峰 붓 삼아

단번에 여덟 폭 병풍 청산을 그려내니

방금이라도 맑은 계곡물 쏟아질 듯한데,

산새 한 마리 포로롱 날아드네

초의선사草衣禪師에게

일지암一枝庵 마루에 앉아

홀로 추차秋茶 우려 빈 속 데우니

쭉 뻗은 솔 한 가지 붓 삼아 난蘭을 치네

부작란不作蘭은 아니라도 향기는 그만일세

석파石破스님에게

어느 슬픈 기별奇別로 콧등 시큰한 날

마당가 다북한 도라지꽃 피거든

담 너머 술 한 동이 슬며시 보내주게

관솔불 피워 애까지 데우리라

아지랑이

앞서 걷는 저 늙은이

하얀 두루마기 휘날리니

진창에 뒹군 삽살개야, 따라붙지 말거라

하마 더럽힐까, 눈부신 여름날

실수失手

깍두기 한 알 집으려다

헛젓가락질에 불그레한 국물 튀었네

이왕 튄 그 자리, 한 가닥 푸른 무줄기 걸치니

붉은 모란꽃 문득 피어났구나!

굿판에서

고사상告祀床에 올라앉아

몇 장 지전紙錢 삐죽 입에다 물고

파안대소破顔大笑 하시는군,

죽어서야 팔자 늘어진 돼지머리여!

노안老眼

늙은 선승禪僧 눈 어두운데

호롱불 켜고 이蚤 잡다가

땅바닥에 떨어진 깨소금 한, 알,

입에 툭, 털어넣다 말고, 나무관세음보살!

참회懺悔 1

쓰레기통은 늘 속이 거북하신가,

거식증拒食症으로 게워내기만 하네

세상 온갖 더러움 순하게 받아들이는

저 속을 나는 달래준 적 있던가?

어느 도인道人에게

바위굴에 굴뚝새,

푸르른 연하煙霞 먹고 사는가?

포로롱, 퐁, 퐁, 쉴 새 없이 들락거리네

외진 숲에 깃든 은자隱者여!

미물微物 7

거미줄에 걸린 나비야!

봄날조차 다 못 보내고

홀로 소풍逍風 나섰다가

허망하게 오랏줄에 묶였구나!

가족나들이

수세미 넝쿨 아래

어미거위 꽥, 꽥, 거리네

연두빛 이파리 뜯어먹다가 화들짝, 놀라

뒤뚱, 뒤뚱, 어미 뒤따르는 새끼거위들!

참회懺悔 2

내 집에 와서 말라죽은

화분花盆은 얼마나 많았는가?

사랑으로 끝없이 물 주었더라면

지금쯤 꽃 한창 보았을 텐데!

못난 놈

삐딱한 걸음, 걸음,

어리숙한 차림새

더듬, 더듬, 억센 시골말씨

너는 거울에 비친 나의 모습이라네

위대한 등정登頂

호박 이파리 시퍼렇구나

그늘 아래 개미떼 고물, 고물,

단내 나는 보송보송한 넝쿨 타고

썩은 애호박에 올라가네

한소식

연잎 위에 구르는 물방울,

그 투명한 수정궁水晶宮 안

말잠자리 눈부신 날개짓하다가,

톡, 깨지는 빛나는 순간!

결석結石

어깨 처진 추녀에 말벌집 대롱대롱

벌떼들 앵, 앵 거리는데

잔뜩 독毒 오른 가을의 반란인가?

홍시빛 노을마저 처마에 걸렸구나

가창오리떼

노을 속에 광화사狂畵師를 만났네

단필短筆로 푸르스름한 화선지를 스치는

번개같은 신필神筆인가?

묵화墨畵를 치는 천수만의 가을하늘,

점占

귀신 씨나락 까먹는 소리인가?

갑을병정甲乙丙丁에다 목화토금수木火土金水

알아도 그만, 몰라도 그만,

꽃 보듯 사람 섬기느니만 못해

우문우답愚問愚答

왜? 그리 사느냐고 묻거든,

'그냥 사노라'고, 답하네

'허허롭게 웃으며 잠깐 머물다가

뒤도 돌아보지 않고 가라' 하네

대지大地

흑, 흑, 울고싶어도

흙은 소리조차 내지 않는구나!

모든 목숨을 먹이며

모든 죽음을 거두며,

| 제7부 |

질투嫉妬

심술궂은 꽃샘추위,

간밤에 무서리치더니

꽃봉오리, 창 열다 말고 다시 닫아버렸네

꼭, 꼭, 여민 봄의 앞섶이여!

누렁이

적막하구나, 고샅길 드는데

먼데 주인 발자국 소리 듣고

누렁이 짖지도 않네

대문 앞에 고요 한 점 물고 있을 뿐,

독서讀書

희미한 등불 아래

보푸라기 잔뜩 인 논어論語나 읽다가

딱, 한 곳에 멈추어섰네

행간行間에 우뚝 선 대문大門, 참 어질구나!

반성反省 6

때를 닦는 걸레여,

세상 온갖 더러움 마다않고

한 벌 누추한 베옷입고 온몸으로 섬기는

널 보고 나는 너무 부끄럽구나!

동박새

동백꽃 숲에 깃든 동박새여,

꽃 모가지 뚝, 뚝, 지는데

먼 바다에 푸른 울음 풀어놓고

슬픔만 삼키고 곡기穀氣는 끊었구나

냉골방에서

불땀 없는 썩은 등거리로

군불 지펴도 이 밤은 떨겠구나

키 작은 낡은 병풍, 창가에 두르면

삐죽 나온 매화가지 하마 벙글까?

이슥하구나

사분, 사분, 눈 내리는 소리

뽀드득, 뽀드득, 님 오시는 소리

조르륵, 조르륵, 차 따르는 소리

조는 듯 댓돌에 소복이 쌓인 눈

춘면春眠

햇살 맞은 뜨끈한 거름 속

땅강아지 불쑥 고개 내밀자

이랑 헤집던 수탉 부리 툭, 건드리다 마는

아, 졸리운 봄날의 빛이여!

나의 집 3

사방탁자 위에 수석壽石 한 점,

산수간山水間에 뛰어든 개울물 소리

전단향梅檀香 한 개비 산골에 휘감고도니

눈은 청산에 노닐고 귀는 거문고를 타는구나

고장난 시계

멈춰버린 탁상시계,

시치미 떼고 묵언默言 중

하루에 꼭 두 번, 때맞추어 죽비竹篦나 칠 뿐

묵묵부답默默不答으로 삼매三昧에 드셨구나

고운동孤雲洞에서

겨울산 우는 소리

쩡, 쩡, 동장군冬將軍 도끼날 시퍼렇구나

삼엄한 열병閱兵 거느리고 눈꽃 만발하니

여기 곧 심검당尋劍堂 아닌가?

가풍家風

뼛속까지 시린 냉수 한 바가지

정수리에 쏟아붓고 나니 얼얼하구나

더 걸칠 것 없는 남루襤褸 한 벌

사방 둘러봐도 적빈赤貧한 바람 소리

절두산切頭山 근처

들깨 이파리에 방아깨비 걸터앉아

건너 산 바라보니 솔개 빙그르르 돌고 있구나

솟구쳤다 곧장 내리꽂는 찰나,

놀란 앞발로 절구공이 찧듯 끄떡, 끄떡,

노경老境

점점 가늘어지는 종아리

점점 가물거리는 바늘귀

점점 희미해지는 기억들,

삶은 죽음에 바짝 붙어있구나

일 없는 날

허기진 여름날 해는 길고

입맛만 쩝쩝거리다가

이쑤시개로 빈 이빨이나 쑤시다가

오늘 하루도 빈 손, 공일空日이라네

토지문학관 근처

하동河東 평사리 들판에 부부송夫婦松

두 그루 엇비슷하게 내외內外하여 섰는데

최참판 헛기침 소리에 놀라

솔방울 한 알 또르르, 논배미로 굴러가네

밥

한 그릇 밥은 무엇인가?

이 물음 앞에 가슴 먹먹하구나

어미 젖인 양 날 키우고

사람으로 일으켜 세우는 힘이여!

여행旅行

세상은 거대한 한 권의 책,

뉘 홀로 미지未知의 길 찾아 거닐고 있는가?

풍경이야 눈으로 새기면 그만,

이따금 마음에 각인刻印이나 하다가,

부부夫婦

서로 기댄 채 닳아빠진 칫솔 두 개,

어느 날 하나 없어졌구나

살갑게 고락苦樂 나눈 지 그 몇 해던가?

난 자리 이빠진 듯 허전하구나

어느 가을날

깻단 터는 저 늙은이 눈부시구나

토닥, 토닥, 힘겨이 내리치는데

아, 사방에 튀는 깨알이여,

지난 계절의 고소한 파편破片인가?

다 한때인 걸

수염 긴 숫염소 눈망울 희미한데

뭉툭한 뿔은 이제 어디에 쓰려는가?

한때는 삼지구엽초三枝九葉草에 열 계집도 거느렸는데

오늘은 덤불에 처박혀도 헤어나지 못하네

아름다운 겨울

요즘, 너무 무겁구나!

그 겨울, 쌀독 채우고 연탄 쌓아두고

김장하고 나면 따스하였네

올망졸망 새끼들 끼고 울 어매 참 넉넉하셨네

빈처貧妻

호떡 먹고 싶다 내리사흘,

아내는 투정마저 물리는지 토라졌구나!

백결百結의 시詩 한 편, 기껏 입에 거미줄 쳤으니

아, 입덧하는 춘궁春窮이여!

미물微物 8

유리창에 붙은 파리야

무얼 위해 그리 비비고 있느냐?

한 바람에 맞아 죽을 줄도 모르고

제 모습에 홀려 비린 마음 탐하는지

선객禪客에게

아찔하구나, 투명한 긴장이여!

추녀 끝에 매달린 고드름,

동지冬至 햇살에 서슬 푸르게도

결기決氣의 창槍 겨누고 있구나

| 제8부 |

소금의 길

슬픔만으로는 이제 슬프지 않네

참으로 눈물은 어디에서 오는지

그냥 무작정 걸어가다가

어찌할 수 없는 그 맨바닥으로 떨어지다가,

어머니

목화노인요양병원,

창 밖으로 뒷산 어렷하게 비치네

목련 꽃봉오리, 너도 몰래 눈시울 적시는가?

스산한 고목枯木 한 그루 누워있구나

만성晩成

조선간장처럼 살고 싶다

한 덩이 메주, 햇살 받아 뭉근하게 여물고

썩지 않는 소금의 정신精神으로 익어

모든 맛의 중심中心을 잡는 것!

파지破紙

잠 못 이루고 엎드려 시詩를 쓴다

아무도 읽지 않는 숲으로가

홀로 우짖는 두견杜鵑이 된다 새벽이 오면,

머리맡에 홍건한 울음의 핏자국들,

어느 야인野人에게

어정, 어정, 어기적거리며

게 한 마리 거품 물고 옆으로 걷는다

앞으로도 뒤로도 가지 못하고

집게발로 세상에 대거리할 뿐,

집중集中 3

살얼음 낀 모래톱에 비쩍 마른 황새,

외다리로 서서 꿈쩍도 하지 않네

텅 빈 들판에 먹을 게 없어 언 주둥이로

수면水面 아래 허기虛飢 한 점 노릴 뿐,

인생人生

누가 웃고 누가 우는가

누가 사랑하고 누가 미워하는가

삶과 죽음은 기껏해야 시소 타는 일,

오르락내리락, 허무虛無한 놀이!

동안거冬安居

겨울 책 한 권을 읽을 때는

보이지 않는 활자活字는 건너뛰라

메마른 책갈피를 넘기며

언 땅의 숨소리만 고요히 훑어볼 뿐,

막다른 곳에서

적막寂寞한 귓가,

그 끝을 따라가 본 적 있는가?

살면서 죽음보다도 처절한

절망絶望의 입술에 뜨겁게 키스한 적 있는가?

어리석음

수초水草 속 피라미 한 치 앞도 모르네

통발은 아가리 벌린 채 숨어있고

두루미는 입맛 다시며 부리 다듬고

솔개는 하늘에서 곧장 내리꽂히는데,

귀가歸家 5

갈 때는 깔끔하게 간다

더 이상 구차하게 빌붙지 않고

낮은 곳으로 내려서는 무언無言의 유서遺書인가?

낙엽落葉 한 장!

점검點檢 1

버드나무는 물 내음 찾아가고

꽃은 햇살 따라 고개 돌리지만

사람은 사람에게 외로움 기대는구나

그림자여, 너는 무얼 위해 여기 서성거리나?

산영山影

징검다리 지나가는 스님,

물살에 어른어른

산수화 한 폭, 허공虛空에 풀어지네

하늘가 비틀거리는 절름발이 구름!

고독사孤獨死

온기溫氣 없는 냉골,

말라비틀어진 화분花盆

빈 방 가득 째깍, 째깍,

아, 늙은 시간의 고독한 주검이여!

점검點檢 2

푸른 해풍海風에 햇살 쬐는 김발

너무 말라도 또 축축해도 안되네

살아가는 일도 마찬가지,

그대, 지금 삶의 발簾은 잘 널고 있는가?

쇠귀 2

배불뚝이 못난 마누라 방기放氣 뀌자

구들장에 실금가는 소리

게으른 여름날, 마른 소낙비 세차게 내리자

삐죽, 죽순竹筍 솟아오르는 소리

쏜 화살같이

늦잠 투정하는 아이 볼 발간데

세수하는 놋대야에 하얀 감꽃 지는구나

홍시紅柿 떨어지니 벌써 가을인가?

달빛 받은 감이파리 하염없이 지고 있네

우체부

두메산골 기나긴 겨울 밤

또닥, 또닥, 먼데서 두드리는 다듬잇돌 소리

때맞추어 언 처마에 달린 고드름 툭,

선잠 든 매화梅花 눈썹 간질이는가?

수몰지구에서

버려진 집에 손때 묻은 문고리

얼마나 많은 기억記憶 들락거렸을까?

텅 빈 살강 위에 거미줄만 엉기고

부뚜막에는 때다만 솔가지뿐,

벼슬아치에게 2

기름 칠한 미꾸라지야!

입만 뻥긋 열면 거짓말이네

같은 물속에 살며 구정물이나 내뱉으니

너는 도대체 어느 나라 백성이냐?

주인공主人公

손님은 꽃이요

주인은 곧 난데

그 가운데 그림자는 누구 것인가?

도무지 알 수 없구나!

나는 바보야

소경은 대낮에도 밝은 줄 모르고

귀머거리는 욕을 들어도 웃네

누가 천치天癡를 낳았는가?

난 바보가 좋아!

군 말

자연에서 얻은 졸고는 오언이나 칠언 절구에 잇닿아 있다. 옛사람들이 즐겨 읊은 한시는 엄격한 율격에 기대어 있지만, 여기에 실은 네 줄의 짧은 시편들은 자유로운 현대시의 내재율을 따랐다.

한편으로 시조의 형식 밖에서 음보를 굳이 따지지 않고 마음 가는대로 노닐 듯 행간을 더 넓히고자 시도하였다. 그러나 두렵다. 호랑이를 그리려다 고양이커녕 생쥐조차도 그리지 못하지는 않았는지, 혀를 끌끌 차다가 또 하루가 흘러간다.

되도록 군살을 대패질 하여 깎아내고 거듭 비워내려고 하였지만 힘이 모자란다는 생각이 든다. 참 머쓱한 일이다. 그래도 어쩌랴.

산과 물에 기대어 한 칸 흙집에 살면서 녹색의 공명

을 통하여 많은 도반들을 얻었다. 온갖 미물이 나의 큰 스승이다. 퍽 다행한 삶이라 여긴다. 지금도 봄나들이 한창인 새들과 묵정밭에 게으르게 노니는 집 없는 고양이를 보는 일이 무척이나 즐겁다.

요즘은 아예 밖과 두절하고 산다. 이제 더 가벼워져야겠다. 하늘로 흐르는 뗏목 하나, 노를 젓는 투명한 햇살, 그 사이로 파도처럼 일어나는 구름들, 그 모두 부끄러운 나의 마음을 비추는 거울이다.

마음의 뗏목 한 잎!
저 건너 언덕에서 기다리는
저 분은 누구인가?

초명암에서, 이상원 쓰다

이상원 시인

경남 산청에서 나서 인문학 저널리스트 겸 시인으로 활동하고 있다. 법명 원경, 『우리말 불교성전』을 엮었다. 남명문학상 신인상을 수상하여 등단했으며, 서사시 『서포에서 길을 찾다』로 제2회 김만중문학상 대상을 수상했다. 『계간 뿌리』편집위원, 남명학연구원 연구위원, 한국시인협회 회원, 시집으로 『풀이 가는 길』, 『여백의 문풍지』, 『만적』, 『벌거벗은 개의 경전』, 『소금사막의 노래』, 『침묵의 꽃』등이 있으며, 역 · 저서로 『하원시초』, 『노비문학산고』, 『기생문학산고1,2』, 『불타다 남은 시』, 『무의자 혜심 선시집』, 『스라렝딩 거문고소리』, 『미물의 발견』, 『동창이 밝았느냐』등이 있다.

마음의 뗏목 한 잎

초판 1쇄인쇄 2015년 06월 19일
초판 1쇄발행 2015년 06월 24일
저자 이상원
발행인 김수현
발행처 도서출판 아라
주소 서울시 강동구 천호동 287-10 일진빌딩 2층
전화 02) 476-5060, 팩스 02) 489-5689
등록 2012년 09월 13일 제2012-52호
이메일 ara5060@naver.com, 홈페이지 www.ara5060.com
ISBN | 978-89-98502-62-1*03800
정가 9,000원

이 도서의 국립중앙도서관 출판예정도서목록(CIP)은 서지정보유통지원시스템 홈페이지(http://seoji.nl.go.kr)와 국가자료공동목록시스템(http://www.nl.go.kr/kolisnet)에서 이용하실 수 있습니다.(CIP제어번호: CIP2015016336)